1. Lese-stufe

Doris Arend • Heidemarie Brosche
Katja Königsberg • Silke Voigt

Das rabenstarke Geschichtenbuch zum Lesenlernen

Mit Bildern von
Susanne Schulte und Silke Voigt

Ravensburger Buchverlag

Bibliografische Information Der Deutschen Nationalbibliothek:

Die Deutsche Nationalbibliothek verzeichnet diese Publikation
in der Deutschen Nationalbibliografie.
Detaillierte bibliografische Daten sind im Internet
über **http://dnb.d-nb.de** abrufbar.

1 2 3 4 5 E D C B A

Ravensburger Leserabe – Sonderausgabe
Diese Ausgabe enthält die Bände
„Pfui, Fisch! Igitt!" von Doris Arend,
mit Illustrationen von Susanne Schulte,
„Der Frosch auf dem Fahrrad" von Katja Königsberg,
mit Illustrationen von Susanne Schulte,
„Der Zauberer aus Badeschaum" von Heidemarie Brosche,
mit Illustrationen von Silke Voigt und
„Der kleine Tiger findet einen Freund" von Silke Voigt,
mit Illustrationen von der Autorin.
© 2000 und 2003 für die Einzelbände und
© 2016 für diese Sonderausgabe
Ravensburger Buchverlag Otto Maier GmbH
Umschlagbild: Heribert Schulmeyer
Umschlagkonzeption: Sabine Reddig
Redaktion: Sabine Schuler
Printed in Germany
ISBN 978-3-473-36500-5

www.ravensburger.de
www.leserabe.de

Inhalt

Doris Arend

Pfui, Fisch! Igitt!

Eine Piratengeschichte

Mit Bildern

von Susanne Schulte

Das ist der kleine Pirat  .

Der kleine  wurde

auf dem 〜〜 geboren.

7

Er lebt

auf einem  .

An  geht er nie.

Der kleine

hat eine  .

An seiner

hängt ein riesiger

und auf seiner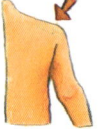

sitzt ein bunter  .

 überfallen

normalerweise  ,

weil sie  und  wollen.

Der kleine  ist anders.

Er will kein  .

Er will auch keinen  .

Er will nur etwas zu essen.

Denn der kleine

ist immer hungrig.

Heute scheint die .

Der kleine

liegt faul

in seiner grünen .

Er träumt von:

einer ,

so groß wie sein ,

einem ,

so rund wie sein ,

und einer 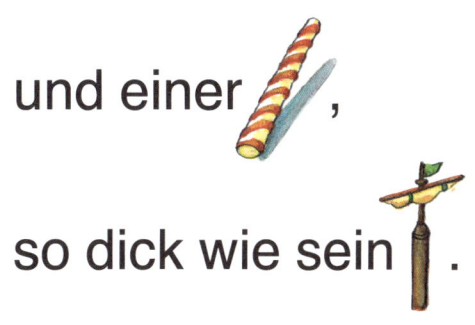,

so dick wie sein .

Da entdeckt der kleine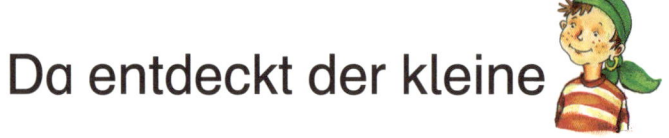

durch sein

ein  .

Er springt aus seiner  .

„Stopp!",

ruft der kleine  .

„Ich hätte gern eine  ."

Und dann sagt er noch:

„Bitte!"

Er ist nämlich

ein höflicher  .

Die

auf dem anderen

hören gar nicht,

was der kleine  sagt.

Sie sehen nur die  .

Ihre  werden groß,

ihre

stellen sich auf,

ihre  zittern.

Gleich machen sie sich

in die  .

Sie werfen sofort

allen

und alles

auf das  .

Dann fahren die

mit ihrem

ganz schnell weg.

Das passiert

dem kleinen  ständig.

Wie dumm,

denkt der kleine 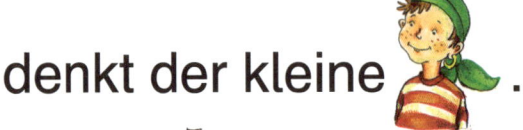 .

Sein  ist schon randvoll

mit  und ... .

Er will nicht

noch mehr davon.

Er will  , und ... !

Der kleine   legt sich wieder

in die 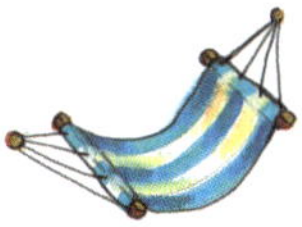 .

Da kommt wieder ein  .

Das andere

ist auch ein  .

Was nun?, denkt der kleine  .

„Gib mir dein  !",

brüllt der andere  ihn an.

„Hast du einen  ?",

fragt der kleine  empört.

„Ich bin auch ein  .

Mich kannst du

nicht ausrauben."

„Ach so",

sagt der andere 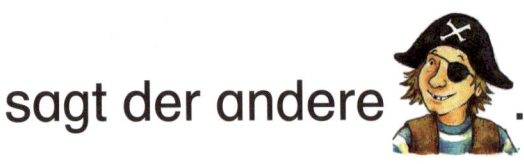.

„Entschuldigung."

Dann fährt der andere

mit seinem  weiter.

 gehabt,

denkt der kleine  .

Beim nächsten

ruft der kleine  wieder:

„Anhalten!"

Ein  steht am  .

„Ich habe kein

und keinen  ",

ruft das  .

Der kleine  sagt:

„Ich habe genug

und  !

Hast du eine  ?

Vielleicht auch

ein Stück  ?

Oder einen  ?

Ich gebe dir auch was

von meinem  ."

Das  heißt Lena 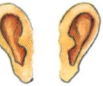.

 traut ihren  nicht.

Aber ihre

stehen nicht hoch

und ihre

zittern nicht.

 sieht nicht aus,

als wenn sie sich

gleich in die  macht.

Nur ihre 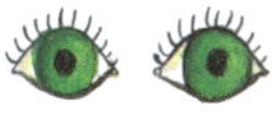 👁 👁 sind groß.

Doch das sieht hübsch aus,

findet der kleine 🧒.

Der kleine  springt

mit einem Satz auf ihr  .

„Du willst mir dein

und deinen  geben?",

fragt  erstaunt.

„Du bist doch ein .

Warum wirfst du mich

nicht ins

und isst dann meine auf?"

„Das wäre

doch nicht nett",

sagt der kleine  .

„Warum hängst du

keine  ins

und fängst dir einen  ?",

fragt  .

„Ich esse  ,

wenn die  scheint.

Ich esse  ,

wenn der 🌙 scheint.

Ich mag keine 🐟 mehr essen",

seufzt der kleine 🧒 .

„Warum gehst du nicht an

und kaufst dir

ein halbes  ?", fragt .

„Das geht nicht",

sagt der kleine .

„Ich wurde

auf dem geboren.

Ich lebe

auf einem .

An  werde ich seekrank.

Mein 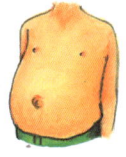 kribbelt.

Ich werde grün im  .

Mir wird übel."

„Ach so. Das ist ja blöd",

sagt  .

 geht in ihre  .

An der

hängen  .

Im  liegt  .

Auf dem

steht ein  .

Im  liegt  .

Die  sind voll mit  .

Es gibt  und  ,

 und ganz viele .

Alles ist voll.

Denn  ist auch

immer hungrig.

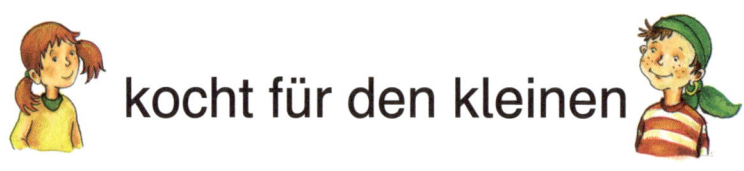 kocht für den kleinen

eine  aus .

Danach gibt es

 mit und .

Und hinterher macht

einen  .

Der kleine  isst,

bis er fast platzt.

Es gefällt ihm sehr bei  .

Der kleine  bleibt

auf Lenas  ,

bis der 🌙 scheint.

Dann kocht er.

Erst macht er

einen 🥬 .

Dann gibt es 🍝 mit 🍅 .

Hinterher einen 🍮 .

Bis 👧 fast platzt.

Danach spült der kleine

das  ab.

Und er räumt die  auf.

Er ist wirklich ein netter .

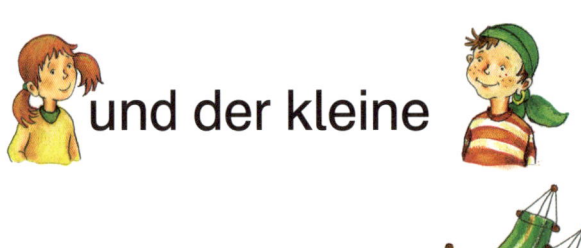 und der kleine

legen sich in die  .

Sie schlafen,

bis die  sie aufweckt.

Dann ist es Zeit

für und frische .

Die Wörter zu den Bildern:

Pirat

Wasser

Schiff

Land

Piratenflagge

Hose

Säbel

Schulter

Papagei

Piraten

Schiffe

Geld

Schmuck

Sonne

Hängematte

Wurst

Käse

Steuerrad

Zuckerstange

Mast

Fernrohr

Männer

Augen

Haare

Knie

Piratenschiff

Brot

Vogel

Schwein

Mädchen

Kuchen

Lena

Ohren

Würstchen

Angel

Fisch

Mond

Fische

Bauch

Gesicht

43

Küche

Decke

Regal

Tisch

Schrank

Schubladen

Bonbons

Bananen

Äpfel

Salat

Möhren

Suppe

Gemüse

Kartoffeln

Pudding

Nudeln

Tomatensoße

Geschirr

Hängematten

Cornflakes

Milch

Katja Königsberg

Der Frosch auf dem Fahrrad

Mit Bildern von
Susanne Schulte

Im

vor der großen

lebt ein freundlicher  .

Wenn die

scheint,

sitzt der

oben auf der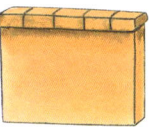

und fängt

mit seiner langen 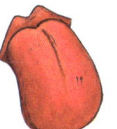 .

Manchmal spricht der

mit dem bunten ,

der auf dem großen

neben dem wohnt.

Einmal kommen drei  ,

jedes mit einem  .

Die  fahren

immer wieder um den

und den  herum.

Der  sieht ihnen zu.

Seine  glänzen

und sein  klopft.

Der  seufzt:

„Ich will auch

ein  !"

Das hört der bunte

oben auf dem .

Der spreizt die

und reißt seinen auf:

„Haha – ein

auf dem !"

53

Bald lehnen die

ihre

an den

neben dem  .

Ein blondes

mit einer gelben

und mit einer blauen

holt einen dicken

aus dem  .

Die  werfen den

hin und her.

Aber ein  schießt ihn –

oh weh! – in den  .

Das  läuft hin.

Aber ihre 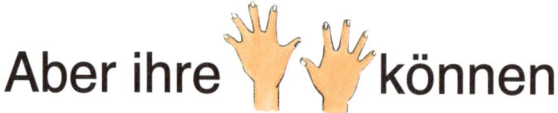 können

den  nicht erreichen.

Da weint das  .

Der  fragt:

„Soll ich dir

deinen

aus dem  holen?"

Das  nickt erfreut.

Der  sagt:

„Dann will ich für den

aber dein  !"

Wieder nickt das  .

Der  verlangt:

„Gib mir die  drauf!"

Das  gehorcht.

Da springt der

ganz schnell in den

und holt

den  heraus.

Das  lacht

und greift nach dem  .

Aber der ruft:

„Küss mich zuerst!"

Pfui! Das  bekommt

eine  -Haut.

Es macht die   zu,

spitzt die

und küsst schnell den

auf sein breites  .

Im selben  -Blick

ist der

so groß

wie das  .

Die  erschrecken

und laufen schreiend davon.

Der bunte

oben auf dem großen

sträubt seine  .

Der  aber

schwingt sich aufs  .

Schon biegt der

um die  .

Er fährt

zum  hinaus,

durch  und ,

über und .

Sein  klopft.

Seine  strahlen.

Sein  gefällt ihm!

Aber die  steigt höher

und brennt dem armen

heiß auf seinen 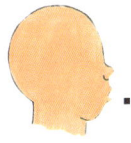.

Die  tun ihm weh.

Der  hält an.

Müde legt er das

ins hohe

und hockt sich

auf eine .

Ein  fährt vorbei.

Auf einem blauen  !

Da macht der

große  .

Der  bremst

und setzt sich

zum

auf die  .

Er schenkt ihm einen .

Der  fragt:

„Gefällt dir

mein  ?"

Der  lacht und nickt.

Der  sagt:

„Ich gebe dir das

für deinen schönen  ."

„Gut!", meint der

und steigt auf das  .

Der  winkt ihm nach.

Dann nimmt er den   und

flitzt über die ⌇ .

Unterwegs trifft der

einen lustigen  .

Einen sehr großen  !

Der  läuft nämlich auf  .

„Hallo,  !",

sagt der  und winkt.

„Willst du meinen

für deine  ?"

Der  ist einverstanden.

Sofort steigt der

auf die

und ist so groß

wie ein .

Leider gefallen dem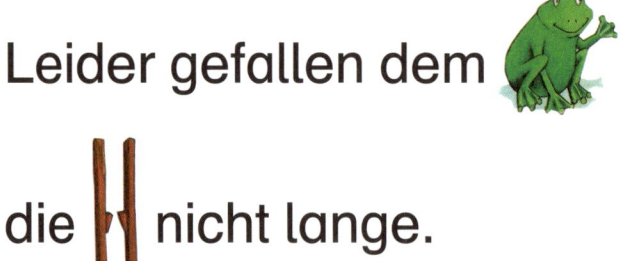

die  nicht lange.

Er schwankt mühsam

über die breite  .

Diese  sind blöd!,

denkt der  .

Der

war viel besser.

Und das  auch!

Plötzlich stolpert der

über einen großen

und fällt ins  .

Dort findet ihn ein  .

Der trägt oben

einen

und unten  .

Dem  gefallen

vor allem die .

„Warum liegst du im  ?“,

fragt der  .

„Wegen der blöden  “,

antwortet der  .

„Oh, ich hätte gern  !",

sagt der  und seufzt.

„Wenn ich  hätte,

könnte ich ohne

in jeden  gucken."

Der lacht.

„Nimm du dir doch die

und gib mir

die !"

74

Gleich schnallt der

seine  ab

und geht auf den  weiter.

Der  aber

zieht die neuen  an.

Schnell wie der

saust der  über die  .

76

Links bleiben die  ,

rechts die  zurück.

Endlich kommt der

an einen  .

Viele kleine  fahren

auf dem

hin und her.

Ein einziges

liegt noch am  .

Ein 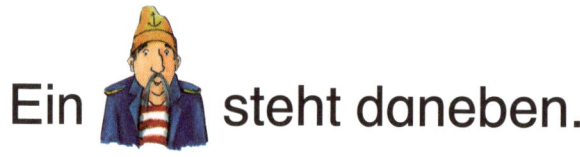 steht daneben.

„Gib mir bitte dein

für meine  !",

bettelt der  .

Hurra, schon sitzt er

im

und rudert über den  !

Die  fliegen nur so

durch die  .

Leider kentert das

und der   zappelt im  .

Alle lachen ihn aus.

Zerknirscht zieht der

das  an den  .

Zum  damit!

Doch wer steht da am  ?

Der  mit dem  !

„Gib mir mein  zurück!",

ruft der  .

„Du kriegst dafür

das  ."

Der  hat

längst alle  verteilt.

Er braucht kein  mehr.

Also nimmt er das  .

Der  aber steigt

vergnügt auf das

und tritt in die  .

Er will jetzt

schnell nach  !

Da ist auch schon der  !

Und oben auf dem

kreischt der bunte  :

„Der  kommt wieder!

Auf dem  !"

Unter dem großen  aber

stehen die drei

und lachen

übers ganze  .

Der  gibt dem

das  zurück.

Gleich holt das

den dicken  und ruft:

„Spiel mit uns,  !"

Der  freut sich sehr.

Ja,  spielen

ist besser

als  fahren!

84

Die Wörter zu den Bildern:

Brunnen

Kirche

Frosch

Sonne

Mauer

Fliegen

Zunge

Vogel

Baum

Kinder

Fahrrad

Augen

Herz

Flügel

Schnabel

Fahrräder

Mädchen

Jacke

Hose

Ball

Rucksack

Junge

Hände

Hand

Gänse

Lippen

Maul

Federn

Ecke

Dorf

Feld

Wald

Stock

Stein

Kopf

Beine

Gras

Bank

Briefträger

Roller

Apfel

Straße

Clown

Stelzen

Schornsteinfeger

Zylinder

Rollschuhe

Leiter

Schornstein

Blitz

Häuser

Bäume

See

Boote

Boot

Steg

Mann

Ruder

Wellen

Teufel

Briefe

Pedale

Haus

Gesicht

Heidemarie Brosche

Der Zauberer aus Badeschaum

Mit Bildern
von Silke Voigt

Svenja  steht vor der .

In der  hält sie

eine wunderschöne,

bunt bemalte .

„Badeschaum" steht darauf.

„Badeschaum für ".

 hat die

von Oma

bekommen.

„Damit du lieber

in die   gehst!",

hat  gesagt.

mag nämlich

nicht gerne in die .

94

Sie mag das viele  nicht.

Sie mag nicht,

wenn ihre  nass werden.

Sie mag nicht,

wenn es in den  brennt.

 hält die

ganz fest.

Sie schraubt den  ab.

Sie dreht die  um.

Sie drückt auf die  .

Da macht es BLUBB.

Aus der

kommt ein großer  .

Ein riesengroßer  .

Er fällt direkt ins  .

„Huch", schreit  erschrocken.

Dann zieht sie ihre  aus

und ihren  .

Dann die  ,

das

und die  .

Jetzt muss

schnell noch mal aufs  .

 schaut zur  .

Was ist denn das?

Aus der

wächst etwas.

Etwas Riesengroßes.

Ein riesengroßer  .

Ein  aus  .

So viel

hat  noch nie gesehen.

 beeilt sich

auf dem  .

Dann rennt sie zur

und dreht den  zu.

 überlegt:

Soll sie die  mitnehmen?

Und das  ?

Und die drei  ?

Lieber nicht, denkt  .

Die haben heute

in dem vielen

gar keinen Platz.

Vorsichtig klettert

in die   .

Erst taucht sie einen

in den  aus  .

Dann rutscht

langsam in die 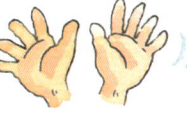 .

Mit ihren  patscht

auf den  aus   .

 steckt ihre

ein Stück in den  .

Sie sieht viele  .

Wahnsinnig viele  .

Manche sind groß

und manche sind winzig.

Die  schimmern

in den  .

des 🌈 .

Sie sehen aus wie kleine  .

 versucht die

in die  zu nehmen.

Doch die  zerplatzen.

 lehnt sich

an den  .

Sie hebt ihren 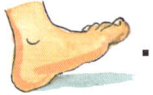 .

Sie bohrt mit ihrem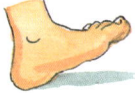

ein  in den  .

Eine richtige  .

Da hört  plötzlich

eine Stimme.

„Au! Wer tritt mich da?",

ruft die Stimme.

 wundert sich: „Nanu?

Ein  , der spricht?

Ich glaube, meine 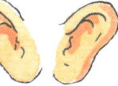 spinnen."

Da kitzelt sie etwas

an der ✎ .

 zieht ihren 🦶

aus dem 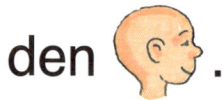 .

Verblüfft schüttelt sie

den 👤 .

Auf ihrem 🦶

sitzt ein kleiner 👨

mit einem großen 🎩 .

 reibt sich die 👀 .

Das gibt's doch nicht!

„Ich wollte gerade zaubern",

sagt der kleine 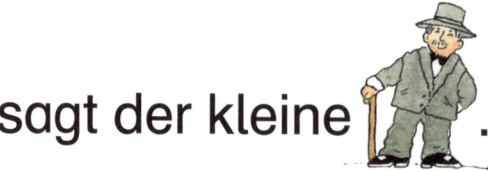.

„Du hast mich gestört."

 reißt ihre  auf.

Sie starrt auf den kleinen .

„Wer bist du?",

will  wissen.

„Der Zauberer BLUBB ",

sagt der kleine .

110

„Der  ?", fragt .

„Du hast ja gar kein dickes  ."

„BLUBB" macht der .

„Ich brauche kein  .

Ich zaubere nur mit BLUBB."

Der 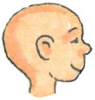 ist plötzlich

an der  des  .

Mit dem  nach unten.

„Siehst du", sagt der  ,

„ich zaubere mit BLUBB."

„BLUBB" macht der  wieder.

Da hat  auf einmal

ein  aus  an.

Das  glitzert

wie tausend  .

„Ich muss zurück in den ",

sagt der .

„Schade", sagt .

„Willst du mit?",

fragt der .

„Au ja", ruft .

„Aber wie komme ich dahin?"

Der  nimmt

an die .

Er ist plötzlich groß.

So groß wie  .

Auch der  ist auf einmal

riesengroß.

Oder ist  geschrumpft?

 und der

kriechen durch einen  .

Am Ende des

öffnet der

eine  .

Sie treten in eine  .

Darin blitzt und funkelt es.

Es schimmert in den

des  .

 reibt sich die  .

„Dein 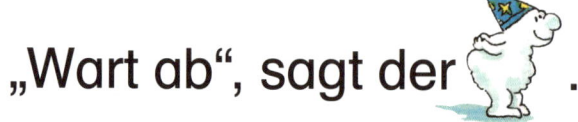 ist wie ein  ",

sagt sie, „so schön."

„Wart ab", sagt der  .

Er macht: „BLUBB."

Da steht ein

in der .

„BLUBB!"

Jetzt stehen zwei da.

„BLUBB!"

Ein  und eine 🧰

stehen in der 🏔 .

„Bedien dich", sagt der 👻 .

 schaut in den .

Im sind viele schöne .

Sie setzt sich an den .

Auf dem

liegen und .

Sie schaut in die .

Die ist voller .

„Du bist toll, ",

sagt .

Der  und ... spielen mit den  .

Sie schauen die ... an.

Sie essen die ...

und die ... .

122

 wird langsam müde.

Ihr fallen fast die   zu.

„BLUBB", sagt der .

Plötzlich sitzt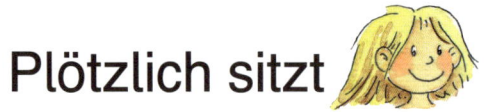

in einer riesengroßen  .

Die  fängt an zu schweben.

Vorbei an dem  ,

dem

und an der  .

Vorbei an dem  .

Sie schwebt durch die

und durch den .

„Halt!", schreit  .

„Ich will nicht weg."

„Du musst nicht weg",

sagt Mama  ,

„nur raus aus der 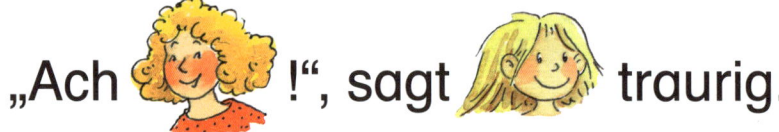 ."

„Ach  !", sagt  traurig.

„Der

ist auch schon weg",

sagt .

 trocknet sich

mit dem großen  ab.

Sie zieht ihren  an

und geht ins  .

Doch plötzlich steht

noch mal auf.

Sie holt die  mit Badeschaum

und nimmt sie

mit ins  .

Die Wörter zu den Bildern:

Svenja

Badewanne

Hand

Flasche

Kinder

Oma

Wasser

Haare

Augen

Deckel

Tropfen

Hose

Pullover

Socken

Unterhemd

Unterhose

Klo

Berg

Schaum

Wasserhahn

Ente

Segelschiff

Eimer

Fuß

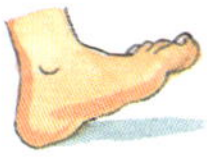

Hände

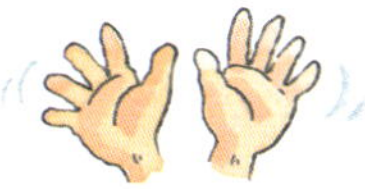

Nase

Kugeln

Farben

Regenbogen

Seifenblasen

Badewannenrand

Loch

Höhle

Ohren

Zehe

Kopf

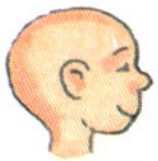

Mann

Hut

Zauberer BLUBB

Zauberbuch

Decke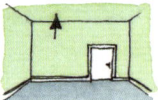

Badezimmer

Kleid

Edelsteine

Tunnel

Tür

Schloss

Tisch

Stühle

Schrank

Truhe

Bücher

Salzstangen

Bonbons

Spielsachen

Seifenblase

Mama

Handtuch

Schlafanzug

Bett

Silke Voigt

Der kleine Tiger findet einen Freund

Mit Bildern von der Autorin

Das ist der kleine  .

Er heißt Ben  und wohnt

mit seiner Mama

in einem

im  .

 will spielen.

Aber  hat keine Lust.

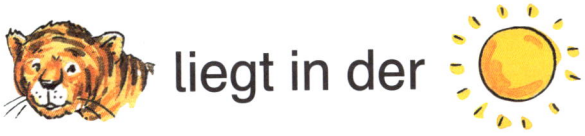 liegt in der

und blinzelt mit einem .

 tapst durch den .

Nanu, denkt ,

die vom ist offen!

 schaut zu seiner .

 hat die zu.

Hops!  springt

aus dem .

 läuft über die

auf den .

Vorbei an einer  ,

einem  und einer  ,

bis zu einem anderen  .

Hier wohnen die  .

 schaut neugierig

durch das  .

Er entdeckt   .

Die  spielen miteinander.

 möchte mitspielen.

Aber die ![leopard cubs] zwicken ![lion head]

nur in den ![tail] und rufen:

„Geh weg, du ![tiger] .

Du hast  auf deinem  !

Du passt nicht zu uns."

Enttäuscht geht  weiter.

 kommt zu den .

Er freut sich,

denn die

haben auch !

kletttert auf den .

Aber die laufen davon.

Das versteht nicht.

Ein pfeift vom :

„Die haben Angst!

Vor deinen spitzen  !"

Traurig springt ins .

 geht weiter.

Er kommt zu einem

mit 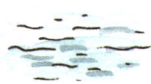 und einem  .

Darin baden dicke  .

Auf dem  liegt ein

in der  .

„Die haben aber große 🦷🦷 !",

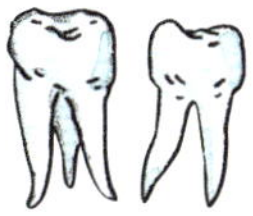

staunt  .

„Ihr habt bestimmt keine Angst

vor meinen 🦷🦷 !"

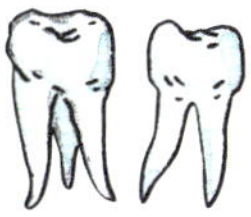

 klettert auf den .

Huch, ist der glatt!

Plumps.

 fällt ins  .

Schnell paddelt er zum

und klettert hinauf.

Jetzt ist sein  klatschnass.

„Der ist ja wasserscheu!",

rufen die  .

 kommt zu den .

Da stehen  graue .

Mit ihren langen

schlürfen sie

aus dem .

 macht es den  nach.

„Pfui!", prustet  beleidigt.

Nun hat er  und

in der 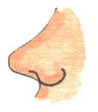 .

Vom  hat er jetzt genug!

Nanu, denkt  , wer wohnt

in so einem hohen ⌷ ?

Ach so, die

mit ihren langen    .

 schaut hinauf.

So hoch kommt man nur

mit der

von der ![firetruck]!

Die [giraffes] knabbern [leaves]

von den hohen [trees].

Sie beachten [tiger] gar nicht.

So viele langweilige [legs] !

Enttäuscht trottet [tiger] weiter.

Da landet ein

auf der  von  .

„Hatschi!", niest  .

Der  hat gelbe  .

„Wer bist denn du?", fragt  .

„Ich bin ein  -Falter",

flüstert der  .

 sagt: „Oh,

du kannst  falten? Toll!"

„Spielst du mit mir?", fragt  .

„Ja", sagt der . „Fang mich!"

Schon flattert der -Falter

flink über die zum .

Vom auf die .

Dann in den

und schließlich in den  .

 springt dem  hinterher.

 guckt in die

und läuft vor eine  .

„Blöde  !

Das gibt eine  ",

jammert  .

„Hihihi!", lacht der

und fliegt hinauf zur  .

Traurig schaut

dem  nach.

Niemand spielt mit .

Armer !

Sein  tut weh,

die  auch.

 will zu seiner .

Müde tapst

durch den  .

Er kommt zu einem  .

In den  hängen  .

Das ist das  .

Hier sitzen Tante Olga

und Julia  an einem

und essen heiße

mit  und  .

 hat einen braunen an.

Einen braunen  mit .

Der  sieht fast aus

wie das  von einem .

Das findet  auch.

Er denkt sofort an seine

und springt  auf den .

„Ein  !",

ruft  entsetzt.

Sie lässt ihre ☕ fallen

und schreit: „Hilfe, ein  !"

Der  fällt um.

 purzeln

unter den  .

 ruft:

„Oh, was für ein süßer !

So ein kuscheliges

mit so schönen !"

 nimmt

auf den .

165

 steht auf und klopft sich

den vom .

„Darf ich den behalten?",

bettelt .

„Oh nein!", ruft .

„Ein  wird so groß

wie ein  .

Der  bleibt hier im  !

Wir bringen ihn zum  !"

 hält  fest im  .

 hat keine Angst.

Es ist schön bei  .

 deckt  vorsichtig

mit ihrer  zu.

Dann bringen  und

zum Direktor .

Als

endlich wieder

bei seiner ist,

verspricht ihm

morgen wiederzukommen.

 streichelt  und sagt:

„Lass uns  werden!"

 nickt müde,

dann fallen ihm die  zu.

Die Wörter zu den Bildern:

Tiger

Ben

Mama

Käfig

Zoo

Sonne

Auge

Tür

Augen

Wiese

Weg

Mauer

Papierkorb

Bank

Leoparden

Gitter

zwei

Schwanz

Leopardenkinder

Schwimmbecken

Streifen

Wasser

Fell

Felsen

Zebras

Seelöwen

Zaun

Seelöwe

Spatz

Elefanten

Ast

drei

Zähne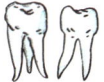

Riesen

Gras

Rüssel

Wassergraben

Sand

Nase

Giraffen

Hälse

Leiter

Feuerwehr

Blätter

Bäume

Beine

Schmetterling

Flügel

Zitronen

Baum

Himmel

Wolken

Laterne

Beule

Kopf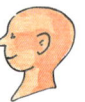

Pfoten

172

Äste

Lichterketten

Zoocafé

Tante Olga

Julia

Tisch

Waffeln

Sahne

Kirschen

Mantel

Schoß

Tasse

Stuhl

Arm

Po

Auto

Direktor

Jacke

Freunde

Doris Arend wollte als Kind Seeräuberin werden oder Raubtiere im Zirkus bändigen. Aber dann entdeckte sie ein anderes Abenteuer: Sie fliegt mit dem Flugzeug rund um die Welt und zähmt währenddessen die Passagiere. Und wenn sie mal zu Hause ist, dann schreibt Doris Arend mit großem Vergnügen Kinderbücher. Im Leseraben ist von ihr u. a. „Das tollste Pony der Welt" erschienen.

Heidemarie Brosche lebt mit ihrem Mann und drei Söhnen in Friedberg bei Augsburg. Von Beruf Lehrerin, fing sie nach der Geburt ihrer Kinder zu schreiben an – vor allem Bücher für und über Kinder.

Katja Königsberg war nach ihrem Studium der Germanistik, Anglistik und Kunstgeschichte für verschiedene Verlag tätig. Nach der Geburt ihres Sohnes Leon schrieb sie mehrere Bände für den Leseraben, darunter die Bücher „Das Gespenst auf dem Dachboden" und „Schulhofgeschichten". Sie lebt heute in Köln und arbeitet für einen Hörbuchverlag.

Susanne Schulte wollte nicht den Rest ihres Lebens Schaufenster dekorieren. Deshalb machte sie ihr Hobby zum Beruf: Sie studierte Grafikdesign und zeichnet nun schon seit vielen Jahren, besonders gerne Kinderbücher. Und wenn sie mal nicht malt, dann radelt sie mit ihrem Sohn fröhlich in Münster herum. Für den Leseraben hat sie u.a. „Das tollste Pony der Welt" illustriert.

Silke Voigt wurde in Halle an der Saale geboren. Sie hat zunächst an der Kunsthochschule Burg Giebichenstein in Halle und später in Münster Grafikdesign studiert. Seit 1996 arbeitet sie als freiberufliche Illustratorin. Für den Leseraben hat sie schon zahlreiche Bücher illustriert. Sie lebt mit ihrem Mann und ihren beiden Kindern in Welver.

Ravensburger Bücher

Lesen lernen mit Spaß!
In drei Stufen vom Lesestarter zum Überflieger

ISBN 978-3-473-**36449**-7

ISBN 978-3-473-**36437**-4

ISBN 978-3-473-**36462**-6

1. Lese-stufe

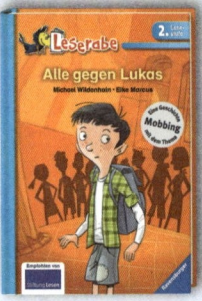

ISBN 978-3-473-**36465**-7

ISBN 978-3-473-**36440**-4

ISBN 978-3-473-**36441**-1

2. Lese-stufe

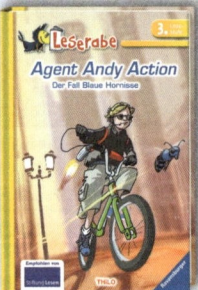

ISBN 978-3-473-**36456**-5

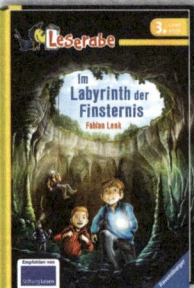

ISBN 978-3-473-**36442**-8

ISBN 978-3-473-**36455**-8

3. Lese-stufe

www.leserabe.de

ERZ_15_007